Pueblos y ciudades

Perímetro y área

Dianne Irving

Créditos de publicación

Editora
Sara Johnson

Directora editorial
Dona Herweck Rice

Editora en jefe
Sharon Coan, M.S.Ed.

Directora creativa
Lee Aucoin

Editora comercial
Rachelle Cracchiolo, M.S.Ed.

Créditos de imagen

La autora y los editores desean agradecer y reconocer a quienes otorgaron su permiso para la reproducción de materiales protegidos por derechos de autor: portada Shutterstock; pág. 1 iStock; págs. 4–7, 9 Shutterstock; pág. 10 Getty Images; págs. 12–13, 14 (arriba a la izquierda) Shutterstock; pág. 14 (abajo a la derecha) Photolibrary.com/Alamy; pág. 15 iStock; pág. 16 Shutterstock; pág. 17 Corbis; pág. 18 Shutterstock; pág. 19 Photolibrary.com/Alamy; págs. 20–22 Shutterstock; pág. 23 Getty Images; págs. 24–25 Shutterstock; pág. 26 Corbis; pág. 27 Photolibrary.com

Diagramas por Colby Heppéll

Si bien se ha hecho todo lo posible para buscar la fuente y reconocer el material protegido por derechos de autor, los editores ofrecen disculpas por cualquier incumplimiento accidental en los casos en que el derecho de autor haya sido imposible de encontrar. Estarán complacidos de llegar a un acuerdo idóneo con el propietario legítimo en cada caso.

Teacher Created Materials

5301 Oceanus Drive
Huntington Beach, CA 92649-1030
http://www.tcmpub.com

ISBN 978-1-4938-2950-7

Contenido

Asentarse

Los pueblos y las ciudades se formaron cuando las personas comenzaron a vivir en asentamientos **permanentes**. Esto fue hace más de 10,000 años. En la actualidad, muchas personas viven en los pueblos y las ciudades.

Los gobiernos proporcionan servicios. Crean reglas para indicar cómo deben crecer o cambiar los pueblos y las ciudades. Estas reglas establecen **estándares** acerca de cómo deben hacerse las construcciones.

Planificación urbana en la antigüedad

Incluso en tiempos antiguos, muchas ciudades fueron planificadas. A menudo, estas ciudades se organizaban de acuerdo con un patrón de **cuadrícula**. Las calles eran rectas con casas alineadas. Había espacios públicos, como parques y plazas, donde las personas podían reunirse.

La ciudad de Nueva York alberga a más de 8 millones de personas.

Hace cien años, el **área** de Smalltown era de 1 milla × 1 milla, o 1 milla cuadrada. Esto significa que el espacio dentro de Smalltown era de 1 milla cuadrada. El **perímetro** de la ciudad era de 1 milla + 1 milla + 1 milla + 1 milla, o 4 millas. Esto significa que la distancia alrededor de Smalltown era de 4 millas.

Con el tiempo, Smalltown aumentó de tamaño. Sus **dimensiones** cambiaron. Hace cincuenta años, Smalltown medía 2 millas de largo y 2 millas de ancho.

a. ¿Cuáles eran su área y su perímetro?

Hace veinticinco años, Smalltown medía 3 millas de largo y 2 millas de ancho.

b. ¿Cuáles eran su área y su perímetro?

En la actualidad, el área de Smalltown es de 9 millas cuadradas. Sólo el ancho de la ciudad ha cambiado.

c. ¿Cuál es el perímetro de Smalltown en la actualidad?

Pueblos y ciudades hoy en día

Las ciudades hoy en día pueden estar superpobladas. Por lo tanto, muchas personas viven en los **suburbios**. Las autopistas se construyen para que las personas se puedan trasladar desde sus hogares en los suburbios hasta las ciudades.

Una autopista transitada en Pekín, China

Poblaciones de las ciudades

Ciudad	2006	2004	2000
Pekín, China	15,810,000	14,900,000	13,819,000
Seúl, Corea del Sur	10,352,202	10,288,000	9,980,000
Ciudad de Nueva York, EE. UU.	8,214,426	8,178,201	8,018,350
Sídney, Australia	4,284,400	4,245,900	4,085,600
Los Ángeles, EE. UU.	3,849,378	3,837,490	3,705,060

Fuentes: Beijing Municipal Bureau of Statistics; Seoul Metropolitan Government; U.S. Census; Australian Bureau of Statistics.

A veces, se crean suburbios completamente nuevos más allá de los suburbios originales. Éstos pueden estar bastante alejados de la ciudad. Tienen escuelas, parques, fábricas, oficinas y centros comerciales. Cada edificio de estos nuevos suburbios se planifica y mide con cuidado.

EXPLOREMOS LAS MATEMÁTICAS

Dos suburbios están uno al lado del otro. Ambos suburbios tienen forma rectangular. Surrey Hills tiene 14 millas de largo y 8 millas de ancho. Richmond tiene un área de 45 millas cuadradas.

a. ¿Cuál es el área y el perímetro de Surrey Hills?

b. ¿Cuál podría ser la longitud y el ancho de Richmond?
Pista: Es posible que haya más de una respuesta.

7

Construcción de casas

El área de tierra que se usa para la construcción de casas nuevas se llama **terreno**. Los planificadores urbanos deben decidir si es necesario construir carreteras y rutas de autobús nuevas cerca de los terrenos nuevos. Un terreno se divide en secciones llamadas lotes. Una empresa constructora puede construir casas en los lotes para venderlas. O bien, una familia puede comprar un lote en un terreno y contratar a un **arquitecto** para que haga los planos para construir una casa allí.

Este arquitecto ayuda a esta familia a planificar qué aspecto tendrá su casa.

El arquitecto diseña la casa. El arquitecto debe tener en cuenta el tamaño y la forma del lote. El arquitecto decide cuál es el mejor lugar en el lote para ubicar la casa.

Generalmente, una casa se ubica en el medio del lote. Esto significa que hay un jardín trasero y un jardín delantero.

Una arquitecta estudia los planos de una casa.

EXPLOREMOS LAS MATEMÁTICAS

Se está planificando un nuevo terreno. Cada lote es un rectángulo. Observa la siguiente tabla para encontrar la longitud y el ancho de cada lote. Luego vuelve a dibujar la tabla y agrega 2 columnas. Rotula las columnas con las palabras "Área" y "Perímetro". Completa la información cuando respondas las siguientes preguntas.

Lote	Longitud	Ancho
A	120 pies	50 pies
B	120 pies	70 pies
C	120 pies	65 pies
D	120 pies	55 pies

a. ¿Cuál es el área de cada lote?

b. ¿Cuál es el perímetro de cada lote?

c. Describe otra forma de calcular el perímetro de cada lote.

El arquitecto necesita conocer el perímetro y el área del lote. El perímetro es la distancia alrededor del lote. El área es la cantidad de espacio dentro del lote. Un **agrimensor** usa un instrumento especial para medir el lote. El arquitecto usa luego esta información para crear los planos de la casa.

Un agrimensor usa un nivel automático para tomar las medidas de un lote

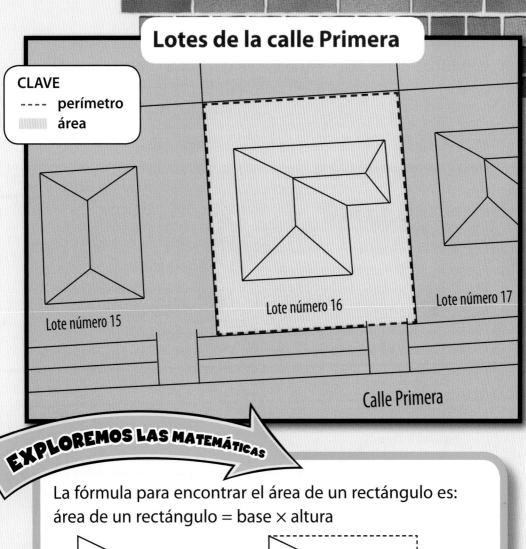

Lotes de la calle Primera

CLAVE
- - - - perímetro
░░░░ área

Lote número 15

Lote número 16

Lote número 17

Calle Primera

EXPLOREMOS LAS MATEMÁTICAS

La fórmula para encontrar el área de un rectángulo es:

área de un rectángulo = base × altura

Un triángulo es la mitad de un rectángulo. Por lo tanto, la fórmula para encontrar el área de un triángulo es:

área del triángulo = $\frac{1}{2}$ (base × altura)

Si la base de un triángulo es de 80 pies y la altura es de 50 pies, ¿cuál es el área?

La mayoría de los lotes son rectangulares, pero algunos tienen forma **irregular**. Para medir el área de una figura irregular, necesitamos dividirla en figuras regulares, como rectángulos y cuadrados. Las áreas de estas figuras se suman para obtener el área del lote entero.

El plano de un jardín

Los jardineros paisajistas dibujan planos que muestran dónde estarán las plantas, los árboles y los senderos.

EXPLOREMOS LAS MATEMÁTICAS

Estos lotes para viviendas tienen forma irregular. Divide los lotes en figuras regulares y calcula el área de cada lote.

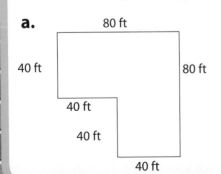

a.
80 ft
40 ft
80 ft
40 ft
40 ft
40 ft

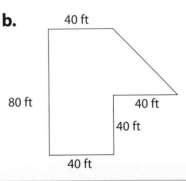

b.
40 ft
80 ft
40 ft
40 ft
40 ft

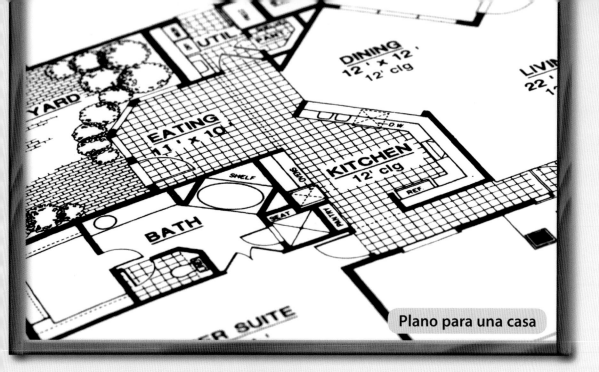

Plano para una casa

El plano para una casa muestra las medidas de la casa entera. También muestra las medidas de cada habitación. El plano proporciona una idea de cómo se interrelacionan las habitaciones y qué tan grandes son. Muestra dónde estarán las puertas y las ventanas.

Tamaños de las casas

Una casa promedio construida en la actualidad en Estados Unidos es dos veces más grande que una casa construida en 1950. Millones de personas además viven en edificios de departamentos. Esto se debe a que la tierra es muy costosa o está superpoblada.

Materiales de construcción

Materiales para el exterior

Las medidas para la casa deben ser **precisas**. De esta manera, el constructor comprará la cantidad correcta de materiales de construcción.

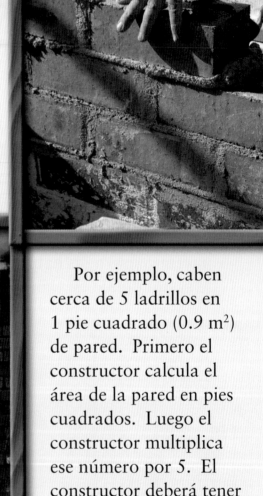

Por ejemplo, caben cerca de 5 ladrillos en 1 pie cuadrado (0.9 m²) de pared. Primero el constructor calcula el área de la pared en pies cuadrados. Luego el constructor multiplica ese número por 5. El constructor deberá tener en cuenta las ventanas y las puertas. Esto reducirá el número de ladrillos necesarios.

Un pintor necesita saber cuál es el área de las paredes de cada habitación que tendrá que pintar. Un galón (3.8 l) de pintura es suficiente para cerca de 400 pies cuadrados (37 m²) de pared.

EXPLOREMOS LAS MATEMÁTICAS

Un constructor construye la pared exterior de una casa. La pared rectangular mide 14 pies de largo y 12 pies de alto. El constructor necesita 5 ladrillos por cada pie cuadrado de pared.

a. ¿Cuál es el área de la pared?

b. ¿Cuántos ladrillos se necesitan para construir la pared?

c. Un galón de pintura cubre cerca de 400 pies cuadrados de pared. Escribe y resuelve un problema sobre cuánta pintura comprar.

Construcción de piscinas

Muchas ciudades tienen piscinas públicas para que las usen las personas de la zona. Es importante que una ciudad tenga una piscina porque las personas necesitan un lugar para aprender a nadar. La mayoría de las personas no tienen el dinero o el espacio necesario para construir una piscina en la casa.

Natación

La antigua Roma fue la primera ciudad que tuvo piscinas públicas. Durante el siglo xix las piscinas se volvieron muy populares. La primera piscina pública en Estados Unidos se abrió en 1887. Para 1937 había 6 piscinas públicas en Londres, Inglaterra.

En Estados Unidos, las piscinas públicas tienen comúnmente una longitud de 25 yardas (23 m). Hay 6 u 8 carriles en la piscina. Cada carril mide 7 u 8 pies (2 o 2.5 m) de ancho.

Las piscinas olímpicas están diseñadas especialmente para la natación **competitiva**. Tienen forma de rectángulo. Deben medir 164 pies (50 m) de largo y 82 pies (25 m) de ancho. Deben tener 8 carriles y contar con al menos 6.5 pies (2 m) de profundidad.

Una piscina de medidas olímpicas

Existen reglas para la construcción de piscinas públicas. Estas reglas son importantes para mantener la seguridad de las personas.

Las piscinas públicas deben tener una cerca o pared a su alrededor. Esta cerca debe medir al menos 6 pies (1.8 m) de alto para las piscinas bajo tierra. El sendero alrededor de la piscina debe medir al menos 4 pies (1.2 m) de ancho. El extremo menos profundo de la piscina debe medir al menos 3 pies (0.9 m) de profundidad, pero no más de 3 pies y 6 pulgadas (1 m) de profundidad.

EXPLOREMOS LAS MATEMÁTICAS

Se le ha pedido a un instalador de azulejos que instale los azulejos en el fondo de una piscina. La piscina tiene forma rectangular. Mide 25 yardas de largo y cuenta con 8 carriles. Cada carril mide 7 pies de ancho. También se está colocando un sendero alrededor del perímetro de la piscina. *Pista*: 1 yarda = 3 pies

a. ¿Cuál es el área del fondo de la piscina en pies cuadrados?

b. ¿Cuál es el perímetro de la piscina?

Una piscina pública

Los planos de las piscinas públicas deben incluir vestuarios, baños y duchas. Los planificadores urbanos también deben pensar en cómo llegarán las personas a la piscina. Deben decidir si es necesario que la piscina tenga un estacionamiento y si debe pasar alguna ruta de autobús.

Un grupo de personas hace fila para ingresar a una piscina pública en Inglaterra.

Construcción de canchas de tenis

Muchas ciudades tienen canchas de tenis públicas. Las canchas de tenis tienen forma de rectángulo. Es mejor construir una cancha de tenis con orientación norte-sur (no este-oeste). De esta manera, hay menos posibilidades de que los jugadores reciban el sol directamente en los ojos.

Hora de jugar tenis

Las primeras canchas de tenis tenían la forma de un **reloj de arena**. Eran angostas en la mitad y más anchas en los extremos. También eran más cortas que las canchas de tenis actuales.

Existen reglas para el tamaño de las canchas de tenis. Una cancha de tenis debe medir 78 pies (23.7 m) de largo. Para los partidos individuales la cancha debe medir 27 pies (8.2 m) de ancho. Para los partidos dobles debe medir 36 pies (10.9 m) de ancho.

Los partidos individuales se juegan entre 2 personas. Los partidos dobles se juegan entre 4 personas, en 2 equipos de 2.

cancha para partidos individuales

cancha para partidos dobles

EXPLOREMOS LAS MATEMÁTICAS

Para los partidos individuales, la cancha de tenis mide 78 pies de largo y 27 pies de ancho. Para los partidos dobles, la cancha de tenis mide 78 pies de largo y 36 pies de ancho. ¿Cuál es la diferencia entre el área de la cancha para partidos individuales y la cancha para partidos dobles?

En una cancha de tenis la red debe medir 3 pies y 6 pulgadas (1.09 m) de altura en los postes y 3 pies (0.9 m) de altura en el centro. Debe haber espacio adicional alrededor de la cancha para que los jugadores puedan correr para alcanzar las pelotas. Este espacio por lo general mide entre 12 y 24 pies (3.6 y 7.3 m).

En muchas ciudades y pueblos de todo el mundo hay canchas de tenis públicas que pueden usar todas las personas. ¿Tiene tu vecindario canchas de tenis públicas?

Construcción de parques

Los pueblos y las ciudades deben tener parques donde las personas puedan ir a relajarse o jugar. Los parques se diseñan cuidadosamente para satisfacer las necesidades de las personas de la ciudad. Los parques pueden tener áreas de juegos, zonas para días de campo y hasta campos de deportes. Los parques deben planificarse de manera que cada uno de estos lugares especiales pueda caber dentro del parque.

Hyde Park es un parque grande en Londres, Inglaterra.

Los lugares especiales dentro del parque también deben planificarse. Se debe medir el área de juegos para verificar que el equipamiento cabrá dentro de ella. Se debe medir el área del cajón de arena para poder agregar la cantidad correcta de arena.

Un área de juegos en un parque

EXPLOREMOS LAS MATEMÁTICAS

Este parque mide 280 metros de largo y 155 metros de ancho.

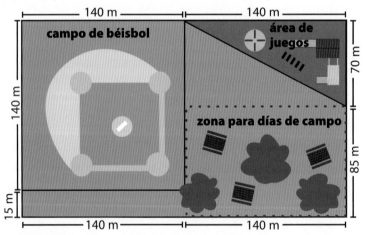

a. ¿Cuál es el perímetro del parque?

b. ¿Cuál es el área del campo de béisbol?

c. ¿Cuál es el área de la zona para días de campo?

d. ¿Cuál es el área del área de juegos?

¿Quién paga?

Todas las carreteras, piscinas, canchas de tenis y parques le cuestan dinero al gobierno. La mayoría del dinero proviene de las personas que viven en la ciudad. Cuando los trabajadores reciben dinero, parte de su **salario** va al gobierno. Este dinero se llama impuestos. Algunos de los impuestos que las personas pagan en una ciudad se destinan para la construcción de estos lugares que pueden disfrutar.

Una obra en construcción en una ciudad

Pueblos y ciudades en crecimiento

Cada vez más personas en todo el mundo viven en ciudades y pueblos. A medida que crecen las **poblaciones** en las ciudades y los pueblos, los gobiernos deben hacer planes para la construcción de nuevas viviendas, carreteras, parques y otros lugares. Estos lugares deben planificarse cuidadosamente para que sean seguros. Deben satisfacer las necesidades de las personas que viven cerca.

Hay cerca de 400,000 millas (644,000 km) de carreteras públicas en Alemania.

Lugares como las piscinas, las canchas de tenis y los parques pueden mejorar la vida de un pueblo o una ciudad. Es tarea del gobierno asegurarse de que estos lugares tengan el tamaño correcto y cumplan con todos los estándares correctos. De este modo, todo el mundo en una ciudad o pueblo puede disfrutarlos.

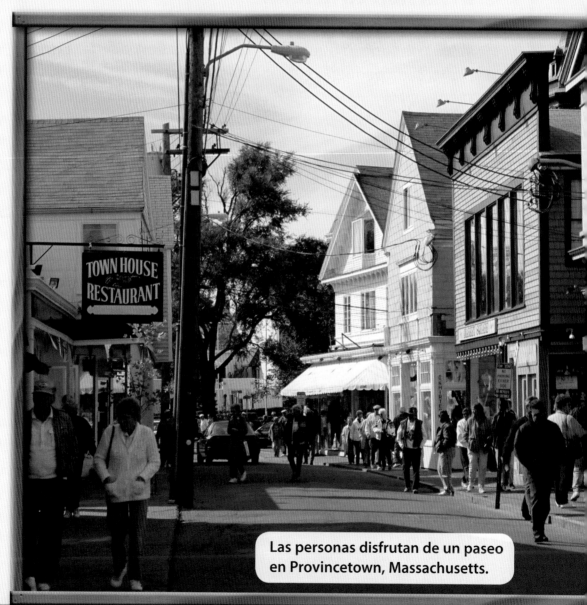

Las personas disfrutan de un paseo en Provincetown, Massachusetts.

Diversión en la feria

Chen y Natasha planean una feria escolar. Hay un plano abajo con todo lo que se puede encontrar en la feria. En su plano, cada pequeño cuadrado es de 5 yardas x 5 yardas.

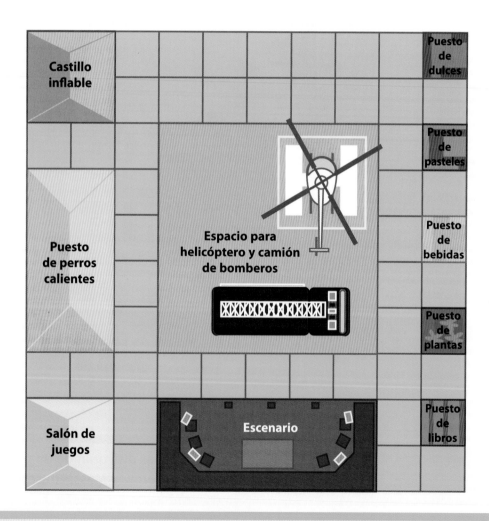

¡Resuélvelo!

a. El espacio para el helicóptero y el camión de bomberos debe estar cercado por una cuerda. ¿Cuántas yardas de cuerda se necesitan?

b. Encuentra las dimensiones del escenario. Luego calcula el área del escenario.

c. Encuentra el área total de los 5 puestos pequeños.

d. Chen y Natasha pueden meter 4 conjuntos de mesas y sillas en 25 yardas cuadradas. Calcula cuántos conjuntos de mesas y sillas podrían meter en la mitad del área del puesto de perros calientes.

Usa los siguientes pasos como ayuda para calcular tus respuestas.

Paso 1: Encuentra el perímetro del espacio del helicóptero y el camión de bomberos.

Paso 2: Encuentra la longitud y el ancho del escenario. Luego calcula el área.

Paso 3: Calcula el área de cada uno de los puestos. Luego suma las áreas.

Paso 4: Calcula el área del puesto de perros calientes. Divide el área por la mitad. Luego calcula cuántos conjuntos de mesas y sillas pueden meter en esa área.

Glosario

agrimensor: una persona que recopila, estudia o inspecciona las mediciones de la tierra

arquitecto: una persona que diseña y planifica edificios nuevos y otras estructuras

área: el espacio dentro de una figura o lugar particular

competitiva: relacionada con la competencia o basada en ella

cuadrícula: un patrón de líneas verticales y horizontales

dimensiones: tamaños o medidas

estándares: reglas y normativas

irregular: inusual, figura no regular

perímetro: la distancia alrededor de una figura o espacio particular

permanentes: fijos, no temporales

poblaciones: la cantidad de personas que viven en lugares determinados

precisas: correctas

reloj de arena: un recipiente usado para medir el tiempo que es angosto en el medio y más ancho en los extremos

salario: el dinero recibido por realizar un trabajo

suburbios: áreas alrededor de una ciudad o pueblo donde viven las personas

terreno: un área definida de tierra

Índice

Exploremos las matemáticas

Página 5:

a. Área: 4 millas cuadradas
Perímetro: $2 + 2 + 2 + 2 = 8$ millas

b. Área: 6 millas cuadradas
Perímetro: $3 + 2 + 3 + 2 = 10$ millas

c. Perímetro: $3 + 3 + 3 + 3 = 12$ millas

Página 7:

a. Área: 112 millas cuadradas
Perímetro: $14 + 8 + 14 + 8 = 44$ millas

b. Las respuestas variarán. Respuestas de ejemplo: Richmond podría tener cualquiera de las siguientes medidas: 9 millas de largo y 5 millas de ancho; 5 millas de largo y 9 millas de ancho; 15 millas de largo y 3 millas de ancho; 3 millas de largo y 15 millas de ancho

Página 9:

a. y b.

Lote	Área	Perímetro
A	6,000 ft^2	340 ft
B	8,400 ft^2	380 ft
C	7,800 ft^2	370 ft
D	6,600 ft^2	350 ft

c. Las respuestas variarán.

Página 11:

Área $= \frac{1}{2} \times 80$ ft $\times 50$ ft $= 2,000$ ft^2

Página 12:

a.   **b.**

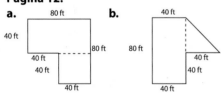

a. 40 ft $\times 80$ ft $= 3,200$ ft^2
40 ft $\times 40$ ft $= 1,600$ ft^2
$3,200$ ft$^2 + 1,600$ ft$^2 = 4,800$ ft^2

b. $\frac{1}{2} \times 40$ ft $\times 40$ ft $= 800$ ft^2
$3,200$ ft$^2 + 800$ ft$^2 = 4,000$ ft^2

Página 15:

a. Área: 14 ft $\times 12$ ft $= 168$ ft^2

b. 168 ft$^2 \times 5$ ladrillos $= 840$ ladrillos

c. Las respuestas variarán.

Página 18:

a. Longitud: 25 yardas $\times 3 = 75$ ft
Ancho: 8 carriles $\times 7$ ft $= 56$ ft
Área: 75 ft $\times 56$ ft $= 4,200$ ft^2

b. Perímetro: 75 ft $+ 56$ ft $+ 75$ ft $+ 56$ ft $= 262$ ft

Página 21:

Área de la cancha para partidos individuales:
78 ft $\times 27$ ft $= 2,106$ ft^2
Área de la cancha para partidos dobles:
78 ft $\times 36$ ft $= 2,808$ ft^2
Diferencia: $2,808$ ft$^2 - 2,106$ ft$^2 = 702$ ft^2

Página 24:

a. Perímetro: 280 m $+ 155$ m $+ 280$ m $+ 155$ m $= 870$ metros

b. Área: 140 m $\times 140$ m $= 19,600$ m^2

c. Área: 85 m $\times 140$ m $= 11,900$ m^2

d. Área: $\frac{1}{2}$ de 140 m $= 70$ m; 70 m $\times 70$ m $= 4,900$ m^2 o $\frac{1}{2}$ de 70 m $= 35$ m; 35 m $\times 140$ m $= 4,900$ m^2

Actividad de resolución de problemas

a. Perímetro del espacio del helicóptero y el camión de bomberos: 25 yd $\times 4 = 100$ yd

b. Dimensiones del escenario: 25 yd de largo y 10 yd de ancho
Área del escenario: 25 yd $\times 10$ yd $= 250$ yd^2

c. Área total: 25 yd$^2 + 25$ yd$^2 + 25$ yd$^2 + 25$ yd$^2 + 25$ yd$^2 = 125$ yd^2

d. Área $= 20$ yd $\times 10$ yd $= 200$ yd^2
$\frac{1}{2}$ de 200 yd$^2 = 100$ yd^2
100 yd$^2 \div 25$ yd$^2 = 4$
4 conjuntos de mesas y sillas $\times 4 = 16$ conjuntos de mesas y sillas